OBSERVATIONS

SUR

LE BUDGET.

OBSERVATIONS

SUR

LE BUDGET,

PAR UN EX-DÉPUTÉ.

Les finances touchent de si près à la destinée des Empires, et tant d'intérêts s'y rattachent, que leur situation est le premier objet sur lequel les Hommes d'État et les Particuliers portent leurs regards.

Discours du Ministre des Finances.

Cette espèce d'association aux travaux du Gouvernement, ne peut que tourner à l'avantage commun ; elle sera toujours la preuve la plus honorable de la véritable liberté, et la garantie la plus sûre d'une obéissance éclairée.

Rapport fait par M. Corbière, en 1816, au nom de la Commission centrale, sur le Budget.

PARIS,

IMPRIMERIE DE DONDEY-DUPRÉ,

rue Saint-Louis, N°. 46, au Marais.

1816.

OBSERVATIONS

SUR

LE BUDGET.

Remplir des engagemens sacrés par leur nature, et dont l'inexécution compromettrait le sort de l'état ; pourvoir aux besoins de l'administration publique , et pour atteindre ce double but , circonscrire les dépenses dans le cercle de l'absolue nécessité; élever les recettes au niveau des dépenses ainsi réduites , les y élever sans tarir les sources de la reproduction, sans comprimer l'essor de l'industrie; puiser dans l'embarras de notre situation politique et financière , les moyens d'en prévenir le retour ; fonder le crédit qui, dans l'état actuel de l'Europe, constitue essentiellement la force des gouvernemens; placer à côté des charges dont le poids nous accable, le germe certain de leur extinction ; lier le système des finances et avec la fatalité des tems et avec les lois existantes, qui déjà ont acquis la force et l'autorité de la chose jugée; le combiner de manière à fixer les incertitudes et l'agitation du présent , à enchaîner l'avenir par la perspective d'un meilleur ordre de choses , et la certitude d'une immuable fidélité ; en un mot , rendre sensibles à tous, et l'étendue des maux et l'efficacité des remèdes ; telles sont , si je me suis formé une idée juste du budget, les considérations qui ont dû présider à sa rédaction. J'ajouterai que dans les circonstances critiques sous l'empire desquelles nous sommes placés , il convient de frapper de ces grandes mesures qui sauvent les états, et don^t l'irrégularité trouve son excuse dans la nécessité qui les commande. « Il ne suffit donc pas, comme » on l'a fait l'année dernière , de jeter transitoi- » rement un pont sur l'abîme ; la prévoyance doit » aller plus loin ; elle doit ouvrir une route qui » nous fasse traverser le présent, et nous mène » le plus avant possible dans l'avenir. Cette route » est un système de finances qui lie une année à » l'autre , et qui , d'un état de dettes et de gêne , » nous conduise graduellement à la libération et » à l'aisance ».

La proposition de la loi de finance , faite par le ministre de Sa Majesté , remplit-elle ce but ?

Il suffit, pour asseoir son opinion à cet égard , de comparer l'état n°. 15 y annexé, contenant l'aperçu des recettes et dépenses des années 1818, 1819, 1820, 1821 , avec l'état n°. 13, ou le budget des recettes et dépenses de l'année 1817. Un déficit de 314,290,154 fr. pesera sur l'année prochaine ; il sera couvert par l'émission de 30 millions de rente.

Le déficit sera en 1818, de 261,108,800 fr.
en 1819, de 253,574,000
en 1820, de 274,174,000

Il doit y être pourvu par l'émission en 1818 de 21,8000,000 fr. de rente ; en 1819, de 21,100,000
en 1820, de 22,900,000

Total pour les quatre années ... 95,800,000

Aussi la dette publique qui s'élevait en 1816 à 115,786,386 fr. , est-elle portée dans le budget de 1817 à 151,000,000 fr. , et le sera-t-elle en 1818 à 200,000,000 ; en 1819, à 203,200,000 fr. ; en 1820, à 226,300,000 f. ; en 1821, à 237,200,000. Les résultats d'une semblable mesure en démontrent suffisamment le danger.

Je n'ignore pas qu'à cette dernière époque de 1821, la caisse d'amortissement aura immobilisé 20,800,000 fr. de rentes au cours de 60 fr. ; mais pour parvenir à ce faible résultat , comparativement à l'accroissement progressif de sa dette, la France aura, dans le cours de cinq années, payé 200,000,000 fr. d'impôts , et aliéné 150,000 hectares de bois ; elle aura payé ces 200,000,000 fr. précisément à l'époque où la réunion de tous ses capitaux , où l'accumulation de toutes ses ressources étaient si nécessaires pour subvenir à l'acquit de ses charges. Ainsi , et cette réflexion a frappé tous les esprits , ces 200,000,000 fr. auront créé la dette qu'éteindra la caisse d'amortissement ; autant vaut ne pas la créer.

Personne n'est plus zélé partisan que moi du système d'amortissement; personne n'est mieux convaincu des immenses avantages qu'il procure à l'état qui sait l'employer ; mais ce système n'a d'utilité réelle que dans les tems prospères , lorsque les bienfaits de la paix , lorsque l'extension du commerce et l'abondance des produits ouvrent au gouvernement des moyens certains de libération, moyens oppressifs lorsqu'ils sont prélevés sur la substance même d'une nation déjà trop malheureuse.

Je conçois encore que pour un état dont les recettes sont en harmonie avec les dépenses , le système d'une dette publique puisse être dans les grandes crises d'un avantage inappréciable ; a-t-il à soutenir une guerre qui exige 100,000,000 fr. de dépenses , il ne crée pas de nouveaux impôts pour 100,000,000 fr. , ce qui serait aussi difficile qu'impolitique : il en crée pour 6,000,000 fr. , dont cinq sont affectés au payement de l'intérêt des 100,000,000 fr. qu'il emprunte , et le sixième est consacré à l'amortissement des 100,000,000 fr., amortissement qui s'opère dans l'espace de trente-sept années.

Voilà le systême des Etats-Unis d'Amérique, voilà celui de l'Angleterre ; une heureuse expérience en a consacré les avantages : hors de là je ne vois que précipices.

On répète avec affectation que plus un état emprunte, plus il enrichit sa matière imposable : ma faible raison ne peut s'élever à la hauteur de cette conception ; et comme je n'aime pas plus les paradoxes financiers que les jongleries politiques, je me borne à dire ce qui est vrai, ce qui l'a toujours été, ce qui le sera dans tous les tems. L'administration des finances d'un état doit se régler d'après les principes qui dirigent une bonne administration domestique. Que l'on utilise toutes ses ressources, que l'ordre et l'économie président à leur distribution, et bientôt le retranchement du superflu deviendra la source de l'abondance. Le flambeau de l'histoire et de la nôtre éclaire ce simple raisonnement. Le plus grand ministre dont la France s'honore, celui que notre bon Henri montrait avec orgueil à ses amis comme à ses ennemis, Sully, avait aussi trouvé les esprits agités, les finances épuisées, la nation appauvrie par des guerres longues et sanglantes, civiles et étrangères. Les dettes de l'état s'élevaient à

330,000,000 fr. , somme énorme pour ce tems.
Il ne connaissait pas les brillantes théories déve-
loppées de nos jours, et dans le cours de son
heureuse administration , il est venu à bout de
combler cet immense déficit; il a fait plus , il a
remis pendant chacune des dix dernières années
du règne de Henri IV, 2,000,000 fr. sur les tailles,
et a laissé au trésor 45,000,000 , 45 millions qui
n'ont pas été la proie d'un usurpateur, mais qui
ont servi à l'immortel Richelieu à assoupir les
troubles religieux , à abaisser la puissance des
grands, dont l'ambition rivalisait l'autorité royale
instituée pour le bonheur de tous, et à jeter les
fondemens de la gloire et de la prospérité du
grand siècle.

Ce que Sully a fait , nous le pouvons encore ;
notre situation est à-peu-près la même, mais nos
ressources sont incomparablement plus grandes;
il ne faut que le vouloir, il ne faut que tenir à
l'honneur , à l'honneur si cher aux Français ,
et qui est le principal ressort de la monarchie.

Je serai aussi court que la matière peut le comporter, convaincu que ce n'est point avec des
phrases artistement ou ambitieusement compas-
sées , mais seulement avec des chiffres , l'amour
de son pays dans le cœur, et son salut devant
les yeux, que l'on fait un budget. L'économie
d'une part , de l'autre le dévouement , tels sont

les élémens qui doivent le constituer; la raison
l'indique, l'intérêt de l'état l'exige.

« La discussion des dépenses se présente en
» première ligne dans l'ordre naturel des idées.
» C'est, comme l'a très-judicieusement observé
» M. Ganilh, c'est au pouvoir qui crée l'impôt
» à fixer les dépenses publiques ; ce droit dérive
» de la nature même des choses. Quelle étendue
» donnerait-on à l'impôt, si l'on ne connaissait
» pas, si l'on n'avait pas fixé la somme des dé-
» penses publiques ? L'impôt pourrait être plus
» pesant ou plus léger qu'il ne doit l'être, et par
» conséquent la loi qui l'aurait établi serait dé-
» fectueuse ou incomplette.

» Fixerait-on les dépenses publiques sans aucun
» égard à l'impôt qui doit en assurer le paiement ?
» On courrait le risque de les porter au-delà de
» ce qu'il est possible d'imposer, et par consé-
» quent l'opération serait fausse ou inutile.

» La Chambre des Députés doit sans doute
» être très-réservée dans le réglement des dépenses
» publiques; elle doit accorder aux ministres une
» grande latitude dans la fixation des besoins de
» leurs ministères, parce qu'ils ont des connais-
» sances-pratiques qu'elle n'a pas, parce qu'ils
» sont chargés d'une responsabilité dont il ne faut
» pas aggraver le poids dans la crainte de la rendre
» illusoire, parce que rien n'est plus dangereux

» que des économies qui mettent le Gouverne-
» ment dans l'impossibilité de faire le bien qu'on
» a droit d'attendre de ses lumières et de son zèle.

» Mais ces considérations, quelque puissantes
» qu'elles soient, n'imposent point à la Chambre
» des Députés l'obligation de souscrire aveuglé-
» ment à toutes les dépenses proposées par les
» ministres; elle ne peut oublier que le peuple
» doit payer ces dépenses, qu'elle est comptable
» envers lui des charges qu'elle lui impose, et
» qu'elle répondrait mal à sa confiance, si elle ne
» portait pas dans l'examen de ces dépenses toute
» l'attention et même toute la sévérité qui garan-
» tissent aux contribuables leur nécessité, leur
» utilité ou leur convenance ».

Il est donc indispensable de fixer les dépenses.
Un seul principe doit dominer cette discussion,
l'économie.

L'économie des rois est le trésor des peuples.
(*Adresse de la Chambre des Députés au Roi*).

C'est à la pratique constante et religieuse de
cette vertu, la première dans un souverain,
après la justice qui est la base de toutes, que
Louis XII a dû de voir confirmer par la postérité
le beau nom de *Père du Peuple* que lui avait dé-
féré son siècle.

Le Roi la veut; eh! quel est le bien qu'il ne
veuille pas? Je lis dans le discours émané du
trône :

« De grandes charges sont malheureusement
» encore nécessaires ; je ferai mettre sous vos
» yeux le tableau fidèle des dépenses indispen-
» sables, et celui des moyens d'y subvenir. Le
» premier de tous est l'économie : j'en ai déjà
» opéré dans toutes les parties de l'administration,
» et je travaille sans relâche à en faire de nou-
» velles ».

Ainsi, fort de la volonté du Roi, fort du vœu
des Députés, fort de ma conscience et de mon
honneur, j'oserai discuter les divers articles de
dépenses qui paraissent susceptibles de réduction.
Je le ferai sans m'écarter des bornes du respect
que méritent, qu'inspirent les organes de la volonté du souverain ; je le ferai avec la modéra-
tion qui caractérise l'amour du bien, mais avec
la fermeté qu'il autorise et commande. Eh ! qui
pourrait se défendre d'un sentiment pénible, en
considérant que l'année dernière on avait senti
la nécessité de réduire les dépenses de tous les
ministères (la reconnaissance publique avait sanc-
tionné cette importante mesure), et que cette
année on propose de les augmenter tous, et qu'on
étend cette augmentation indéfiniment aux années suivantes. Notre position a-t-elle donc chan-
gé ? s'offre-t-elle sous un aspect plus riant,
sous un jour plus favorable ? ou les finances de
l'état seraient-elles comme le tonneau des Da-
naïdes ?

1°. La dette publique est portée, dans l'aperçu des dépenses, à la somme de 151,000,000 fr. Cet article ne paraît comporter d'autre observation que celle relative à l'emploi sur le crédit en rentes demandé pour le service de 1817, *par aperçu* 15,000,000 *fr.*

S'il y a impossibilité de réduire les dépenses et d'augmenter les revenus, cette somme de 15,000,000 fr. figurera nécessairement dans celle de 151,000,000 fr., formant le montant de la dette publique; mais elle sera restreinte en raison composée de la réduction des dépenses et de l'augmentation des revenus : la fixation de cet emploi sur le crédit est donc subordonnée à l'examen de l'ensemble, et je crois pouvoir démontrer qua 3,000,000 fr. suffiront.

Les articles 2, 3, 4 et 5 étant, l'un le résultat d'une dette reconnue, les autres invariables par leur nature ou d'une nécessité avérée, ne sont susceptibles d'aucune observation. Ici cependant se place naturellement l'indication d'un double emploi, qui a échappé sans doute au ministre des finances, et dont la conséquence est de charger l'exercice 1817 d'un arriéré de 11,000,000 fr. qui n'existe pas. On se rappelle avec attendrissement l'abandon fait par le Roi et la famille royale de la somme de 11,000,000 fr. sur la liste civile, en faveur des départemens qui ont le plus souf-

fert pendant l'occupation militaire : « noble et tou-
» chante destination, dont l'histoire conservera le
» souvenir ». On se rappelle que le ministre et la
commission avaient classé cette somme dans le
budget des recettes de l'état, et que, sur la réclamation éloquente de M. Paillot de Loynes,
elle a été rendue à sa destination ; que l'on exa-
mine les N°ˢ. 10, 11 et 12 annexés au rapport,
et l'on verra que cette somme de 11,000,000 fr.,
portée fictivement au chapitre des recettes extraordinaires, l'est également au chapitre des recettes extraordinaires ; tandis que la somme de
34,000,000 fr., formant la dotation de la liste
civile figure intégralement au chapitre des recettes ordinaires ; ainsi la nation supportera seule
le poids d'un sacrifice qu'elle ne voulait pas faire,
et le Roi, dont la bonté paternelle devançait les
besoins de ses sujets malheureux, perdra le fruit
du sacrifice qu'il s'était si généreusement imposé ;
le double emploi est évident : 34 et 11 font 45,
ôtez-en 11, restent toujours 34,000,000 fr. Il est
contraire à la fois et aux intentions de Sa Majesté,
et au vœu de la nation ; quelle en est cependant
la conséquence ? C'est que les dépenses de 1816
s'élèvant à 884,492,520 f., au lieu de 873,492,520 f.,
et les recettes ne s'élèvant qu'à 860,966,661 fr. ;
il y a dans les ressources une insuffisance de
23,525,859 fr., au lieu de 12,525,859 fr. seu-

lement. Le complément demandé pour 1816 doit donc être diminué de 11,000,000 fr.

Le Ministère de la Justice, 18,000,000 fr.

« Le ministère de la justice ne peut solder » toutes ses dépenses avec les 17,000,000 fr. que » lui accorde le budget de 1816 ; un million de » plus lui est indispensable ». (Page 13 du discours du ministre des finances.)

Eh! pourquoi les abus signalés l'année dernière par la commission du budget subsistent-ils encore? Pourquoi le vœu exprimé par la Chambre des Députés, vœu qui a retenti dans la France entière, n'est-il pas encore accompli?

La Chambre a consacré en principe la nécessité de la réduction des cours et tribunaux ; les Conseils-généraux de départemens, consultés à cet égard par le chancelier et le ministre de l'intérieur, en ont également exprimé le vœu.

Treize parlemens et deux cours supérieures suffisaient avant la révolution aux besoins de l'administration de la justice. Eh! quel vaste champ n'offraient pas alors au démon de la chicane cette diversité de coutumes qui régissaient chaque partie du territoire! Et les matières féodales, et les matières bénéficiales, et les substitutions, et les retraits, et les propres . etc.

Maintenant que toutes ces épines sont écartées; maintenant que les procès roulent presque exclusivement sur l'interprétation ou l'exécution des conventions, quinze ou dix-huit cours royales, sagement réparties; deux tribunaux par départemens, (sauf les légères exceptions que comportent la population et les localités); deux tribunaux composés, savoir, le tribunal du chef-lieu, comme il l'est déjà, de neuf juges, président et vice-président compris, d'un procureur du Roi et de deux substituts; l'autre de six juges, d'un procureur du Roi et d'un substitut, lesquels délégueraient annuellement, dans chaque chef-lieu d'arrondissement dépourvu de tribunal, un de leurs membres pour y concourir, avec un substitut du procureur du Roi, qui y résiderait habituellement, à l'instruction des affaires criminelles : la résidence fixe d'un membre de la cour royale, président des assises dans le chef-lieu de chaque département ou de chaque préfecture, et l'augmentation des attributions des juges de paix mieux choisis, préviendraient les vœux et les besoins des justiciables. L'expérience vient encore ici à l'appui du raisonnement. En l'an quatre, on établit un tribunal unique par département, et d'honorables souvenirs attestent qu'à aucune des époques de la révolution, l'administration de la justice ne fut plus active ni mieux ordonnée.

Plusieurs des membres des cours et tribunaux supprimés, justement entourés de la considéra-

tion publique (et tous le sont, c'est un hommage à leur rendre), seraient appelés dans les cours et tribunaux conservés, dont il sera nécessaire d'augmenter le nombre en étendant le cercle de leurs attributions; les autres auraient l'expectative de toutes les places vacantes; ceux, enfin que leur âge ou leurs infirmités éloigneraient du sanctuaire de la magistrature, trouveraient dans une pension de retraite, proportionnée à leurs services, la récompense de leurs travaux et de leur dévouement.

Le zèle éclairé de M. le chancelier lui suggérera les moyens de concilier l'expression du vœu général avec les droits acquis des magistrats et les besoins urgens de l'état; mais, certes, il n'y a nulle exagération à prétendre qu'une réduction sagement combinée, dans cette partie si intéressante de l'administration, procurerait à l'état un soulagement de près de 2,000,000 fr.

Ministère des Affaires Étrangères.

Les dépenses de ce ministère s'élevaient avant la révolution à 8,500,000 fr.; elles s'étaient accrues, en 1815, jusqu'à 9,500,000 fr. Ce ministère offre sur le budget de 1816 une réduction de 1,500,000 fr. Honneur au ministre qui sait tout réduire à de justes proportions! Si, l'année dernière, la commission du budget lui rendait cet hommage de dire que plus on entrait dans chaque article de dépense, plus on était convaincu que l'économie ne pouvait être plus sévère; quels droits n'acquiert-il pas en ce moment à la reconnaissance publique!

Ministère de l'Intérieur.

Ce ministère a tant de ruines à réparer et tant d'améliorations à faire; il influe si puissamment sur la prospérité générale, qu'on éprouve un regret presque involontaire à discuter les plus légères de ses dépenses. Mais toute considération doit s'évanouir devant celle de l'intérêt public.

Il ess digne sans doute du ministre éclairé qui dirige ce département, de demander 1,500,000f. « pour venir au secours de l'instruction publique, » alimentée précédemment par des rétributions » arbitraires, que le règne de Sa Majesté ne per- » met plus de tolérer ». Mais sommes-nous en mesure d'accéder aux propositions que dictent les convenances? Le ministre des finances avait eu aussi l'idée de déduire du capital des successions les dettes hypothécaires dont ces successions sont grevées: idée juste, vraie, conforme au principe *bona non intelliguntur nisi deducto ære alieno;* mais il a reconnu que l'exécution de cette proposition et de plusieurs autres de cette nature devait être réservée à des tems moins difficiles, parce « qu'il est des circonstances où la marche » d'un gouvernement est tellement tracée, que » le choix des partis ne lui appartient plus ». Si le ministre des finances a fait fléchir les principes de la justice devant la loi de la nécessité, pourrait-on accueillir une demande, honorable sans doute dans son principe comme dans son objet, mais qui ne repose pas sur des bases aussi respectables ?

J'oserais hasarder une amélioration dans le système de l'intérieur, amélioration qui pourrait avoir des résultats précieux, sous le rapport de l'économie, si l'exécution en était jugée praticable.

Je ne parle pas des secrétaires-généraux de préfecture; leurs traitemens sont un objet de 329,000 fr.; et, comme l'observait l'année dernière le rapporteur de la commission du budget, « l'établissement de ces fonctionnaires a toujours » paru assez inutile ».

Je parle des préfets eux-mêmes.

Avant la révolution, la France était divisée en trente-trois généralités; trente-trois intendans dirigeaient l'administration intérieure de tout le royaume, et, certes, dans les pays d'états, ces fonctions exigeaient de l'application et des soins:

telle généralité embrassait deux , trois et même quatre de nos départemens, dans leur circonscription actuelle ; un secrétaire d'intendance et deux commis , voilà à quoi se bornaient les bureaux ; deux ou trois subdélégués au plus , sans commis, répartis dans les principales villes de la généralité , imprimaient sans efforts le mouvement qui leur était tracé ; et cependant les contributions, la police, l'administration, la justice, tout était de leur ressort. Que l'on compare avec cet humble état de choses, l'appareil imposant de notre administration dans chaque département; préfet , quatre ou cinq sous - préfets , secrétaire - général , trois conseillers de préfecture , frais de bureaux par - tout , et que l'on juge! Mais ce n'est pas là le seul point de vue sous lequel il convienne d'envisager la question. Il est constant que moins les rouages d'une administration quelconque sont compliqués , plus sûre est son action ; ses ressorts se développent avec plus d'aisance et de liberté. La réduction des préfectures à quarante ou quarante-cinq , et par une conséquence nécessaire , celle des gouverneurs ou commandans militaires dans la même proportion ; la réduction des sous-préfectures , graduée sur l'échelle des tribunaux conservés, et par une conséquence non moins nécessaire , la réduction d'un nombre proportionné de com-

mis dans les différens ministères, procurerait à
l'état un soulagement inappréciable. Mais l'idée
du bien m'emporte trop loin peut-être : c'est au
ministre que Sa Majesté honore à si juste titre de
sa confiance, à peser les avantages ou les inconvéniens de cette mesure.

Ministère de la Guerre.

On frémirait à l'aspect des sommes que ce
département a englouties depuis 1792 jusqu'à
l'époque de la restauration; et depuis cette époque
même, que ne nous a-t-il pas coûté? Les dépenses de ce ministère se sont élevées pendant les
neuf derniers mois de l'année   fr.   c.
1814, à 278,660,620
           En 1815, à 319,425,672 20
           En 1816, à 180,000,000
Il a obtenu cette année un
crédit supplémentaire de . . . 36,000,000
                                _____
En moins de trois ans 814,086,292 20
Et pour 1817, le ministre
demande encore 212,000,000

Je ne rapprocherai pas de ce tableau celui
des dépenses de ce département depuis 1760 jusqu'en 1780, la disproportion serait trop sensible; je passe à une époque encore présente à

tous les souvenirs, et à laquelle ses dépenses ex-
citaient déjà de vives réclamations. En 1784.,
les appointemens et la solde, pendant l'année
entière, de 197,000 hommes, tant officiers que
soldats, et l'entretien de 31,000 chevaux, tant
pour la cavalerie ordinaire, que pour les hus-
sards, les dragons, la maison du Roi et le service de l'artillerie, ont coûté 108,150,000 fr., indépendamment de 16,500,000 fr. de pensions
militaires. Total, 124,750,000 fr.

Sans doute il faut aussi retrancher du budget du
ministre de la guerre, 64,000,000 pour soldes de
retraite, demi-soldes et traitemens de réforme
qu'il est chargé d'acquitter ; « dette, comme l'a
» très-bien observé le ministre des finances, qu'il
» n'est pas plus possible de supprimer, que les
» événemens qui l'ont fait contracter » ; mais il
resterait encore pour l'armée active, qui équivaut
à peine au tiers de l'armée existante en 1784, la
somme énorme de 148,000,000 fr. Certes, si le
ministre, dont les intentions sont si pures, les
vues si élevées, les sentimens si éminemment
français, avait fait droit aux sages observations
présentées par le rapporteur de la commission
du budget, « qui n'avait pu voir sans une vive
» impression une dépense de 19,705,553 fr. pour
» les états-majors, tandis que la dépense totale
» des troupes ne s'élevait qu'à 30,596,448 fr. ;

« s'il avait, avec la commission, cherché et tari
» la source d'une disproportion aussi effrayante
» dans la multiplicité des aides-de-camp, dans le
» grand nombre de rations de fourages accor-
» dées sans revue » ; s'il s'était pénétré de la nécessité indiquée et reconnue de réunir les corps
d'inspecteurs aux revues et des commissaires des
guerres, opération qui eût amené une économie
de près de 4,000,000 fr. ; si l'on n'avait enfin
prodigué les brevets et les pensions, tout en gé-
missant sous le poids des charges qui nous acca-
blent, nous n'aurions pas du moins à déplorer
les abus qui l'aggravent.

La somme de 180,000,000 fr. a été jugée suf-
fisante l'année dernière pour les besoins de ce
département ; elle doit suffire encore cette année ;
elle suffira les années suivantes : et en effet on
calcule la dépense de chaque cavalier à 1,000 fr.
par an, celle de chaque fantassin à 700 fr. ; et
certes ce dernier calcul est exagéré. En admettant
que l'armée active se compose de 60,000 hommes
d'infanterie de ligne et de 20,000 hommes de cavalerie, la solde et l'entretien de la totalité de cette
masse effective ne s'éleverait qu'à 62,000,000 fr. :
qu'on y ajoute les 64,000,000 fr. de soldes de retraite et traitemens de réforme, total 126,000,000 f.
plus, 20,000,000 fr. pour les états-majors et le
corps des officiers, il restera encore 34,000,000 fr.

qui seront consacrés à des dépenses d'habille-
ment, aux remontes indispensables, au service
de l'artillerie, du génie et des lits militaires ; et
si la réforme de quelques abus peut fournir des
ressources, elles recevront encore une destination non moins avantageuse. Enfin, puisque,
par une inconcevable fatalité, nous avons à payer
et les services rendus et ceux qu'on nous rend
journellement, une armée active, une armée
inactive, une administration active, une administration inactive ; puisque nous avons à créer
une armée nouvelle, sans délaisser les vétérans
que leur gloire recommande à la reconnaissance
nationale, conformons-nous à notre position, et
laissons au tems, ce premier agent des choses
humaines, le soin de développer nos moyens.

Marine.

En 1784, les dépenses de ce département qui
n'avaient jamais dépassé 30,000,000 fr., s'élevaient à 45 ; mais il avait fallu recréer la marine ;
mais alors la France, dont le pavillon flottait
avec honneur sur toutes les mers, avait 90 vaisseaux de ligne, un nombre proportionné de frégates, une foule de bâtimens armés en guerre ;
alors tous les arsenaux étaient garnis, toutes les
côtes bien gardées ; de nouveaux vaisseaux étaient
en construction.

Qu'êtes-vous devenus jours de notre gloire ?

L'année dernière, la dépense de ce ministère était sommée à 48,000,000 fr., et il faut encore cette année, il faudra les années suivantes, une augmentation de 2,570,000 fr., augmentation énorme, puisque dans mon opinion, erronée peut-être, c'est de tous les ministères le moins utile dans les circonstances.

Ce serait sans doute un sujet digne de la méditation des hommes d'état, de comparer attentivement les énormes dépenses qu'a entraînées ce département depuis le malheureux combat de la Hogue jusqu'aux époques non moins désastreuses de la construction des bateaux plats et de la réparation du bassin d'Anvers, avec les avantages que la France en a retirés ; il serait digne d'eux d'examiner s'il ne conviendrait pas de renoncer à des colonies qui doivent nous échapper un jour, et d'abandonner l'empire des mers à ceux que leur position insulaire y appelle, au lieu de lutter infructueusement contre des obstacles sans cesse renaissans, pour nous renfermer dans le cercle d'avantages que nous offre notre position territoriale. On objectera sans doute que les forces navales ne sont pas moins nécessaires que les armées de terre pour la défense des côtes et des villes maritimes, que les colonies au-delà des mers ne peuvent être conservées sans une marine respectable ;

on objectera avec plus de raison qu'il importe à
une grande nation de maintenir son commerce
maritime indépendant des autres puissances ;
qu'en le négligeant , on livre aux étrangers les
bénéfices du frêt , ceux de la commission ; qu'on
est à leur merci pour ses exportations , pour ses
importations , pour les objets même de première
nécessité ; qu'enfin la marine est pour le commerce ce que sont les instrumens aratoires pour
l'agriculture. Ces principes, vrais en eux-mêmes,
prévaudraient peut-être dans la balance de la
discussion ; mais il n'est pas plus question en ce
moment de renoncer à nos colonies et à notre
marine , que de l'augmenter. Conservons ce qui
existe , c'est le vœu de la politique; mais créer
une administration gigantesque pour protéger
nos pêches ! ma faible raison ne peut en conce-
voir l'importance , encore moins la nécessité ;
et il me semble que l'application de 30,000,000 fr.
à cet objet , concilierait à la fois , et le vœu du
commerce , et la dignité du trône , et l'intérêt
national.

Ministère des Finances.

L'assignation de 3,000,000 francs au lieu de
1,500,000 fr. à la poursuite des opérations du cadastre , doit obtenir l'assentiment général : on ne
peut révoquer son utilité en doute : la répartition

inégale des contributions , qui excite des sujets
de plainte si légitimes , est le résultat de l'incurie
et de la mauvaise foi qui ont présidé aux opérations préparatoires. J'ai sous les yeux le cadastre
de quatre cantons peu étendus ; il en résulte une
augmentation de près de 11,000 hectares que l'im-
probité des propriétaires avait soustraits à l'assiette
de l'impôt foncier ; mais il est affligeant de penser
que déjà cette opération a coûté 57,000,000 fr. ,
et que pour jouir de tous les avantages d'une
juste répartition, il faudrait y consacrer encore
quinze années et le fonds ordinaire du 30e. du
principal de la contribution foncière, c'est-à-dire,
plus de 90,000,000 fr.

Il y aurait peut-être un moyen sûr d'arriver
au même but sans tant de dépenses, moyen qu'on
pourrait exécuter dans l'année , et qui en soula-
geant les contribnables, augmenterait les ressources du trésor ; je veux parler d'une imposi-
tion territoriale , perceptible en nature de fruits
sur tous les fonds qui en produisent.

Plus on y réfléchira , écrivait un ministre à qui
l'on a pu reprocher sa légèreté, sa prodigalité
même , mais dont on n'a jamais contesté la su-
périorité des talens ; « plus on y réfléchira , écri-
» vait M. de Calonne en 1789 , plus on recon-
» naîtra que cette égalité proportionnelle dans la
» répartition des impôts , qui doit être la base de

» la régénération des finances et le principe du
» soulagement des peuples, ne peut s'obtenir
» promptement, facilement et sûrement, que par
» la perception en nature de l'impôt terri-
» torial.

» Elle seule pourrait apprendre à quoi monte
» la production générale du royaume, ce qui
» faciliterait toutes les opérations subordonnées
» à cette connaissance ; par elle on aurait l'éva-
» luation des forces comparatives des provinces ;
» ce qui fixerait la mesure de leur portion con-
» tributive dans la masse des impositions.

» Elle seule peut former un cadastre naturel
» qui faisant trouver dans le mode de l'impôt le
» tarif de sa répartition, préserverait les propriétés
» de tout arbitraire; elle seule puiserait les se-
» cours qu'exigent les besoins de l'état à la source
» même de ses richesses, rendrait les contribu-
» tions toujours proportionnelles aux récoltes,
» et placerait le recouvrement au moment où
» l'acquittement est le plus facile.

» Elle seule assurerait aux cultivateurs un sou-
» lagement gradué sur les intempéries des saisons,
» et ne les laisserait plus exposés à la cruelle in-
» justice d'être obligés de payer quelquefois sur
» un produit nul.

» Elle seule ferait suivre aux revenus de l'état
» la progression du prix des denrées, et main-

» tiendrait l'équilibre, une fois établi, entre les
» recettes et les dépenses.

» Elle seule unirait l'intérêt des finances à l'in-
» terêt de l'agriculture, et ferait dépendre leur
» accroissement de sa prospérité.

» Elle seule pourrait, par l'abondance de son
» produit, conduire à la suppression ou du moins
» à la diminution successive des impôts les plus
» onéreux au peuple ».

J'ajouterai qu'elle seule pourrait épargner à la
France une partie considérable de cette masse
énorme de frais de perception, que le ministre
lui-même a évaluée à 19 un quart pour cent.
L'exemple de la dîme, et surtout celui de la Pro-
vence, prouve que les difficultés attachées à son
exécution ne sont point insurmontables.

Mais je sens qu'une mesure de cette importance pourrait être prématurée dans des circonstances où le succès des recouvremens ne doit pas
être livré aux hasards d'un essai ; je me borne à
confier cette idée aux lumières du ministre et au
patriotisme de nos représentans.

Une amélioration sensible au profit de l'état,
serait le rétablissement ou la création de soixante
payeurs des rentes, comme ils existaient autre-
fois, en les soumettant chacun à un cautionnement de 15o,ooo fr., ce qui procurerait une
somme de 9,ooo,ooo fr. Leur traitement ne se-

rait nullement à charge ; on les autoriserait à percevoir 5o centimes par 100 fr. , c'est-à-dire la 200eme. partie de la rente qu'ils auraient à payer. Le trésor y trouverait le double avantage d'obtenir instantanément une ressource dont il a un si pressant besoin , et d'être dégrevé d'une partie des traitemens alloués aux commis qui en obstruent les avenues.

« Mais, dira-t-on , un établissement de cette » nature renverserait le plan du ministre , qui » propose, 1°. d'affecter un fonds spécial , sous » le titre de *fonds consolidé*, au service des inté- » rêts de la dette perpétuelle, et à l'amortissement » successif du capital.

» 2°. De faire verser directement ce fonds à la » Banque de France , qui serait désormais char- » gée d'acquitter ces dépenses.

» En plaçant ainsi dans les mains d'une admi- » nistration indépendante l'exécution de ce ser- » vice ; en lui désignant une portion déterminée » du revenu public, un fonds qui ne pourra , » dans aucun cas, sous aucun prétexte, être dé- » tourné de sa destination sans être remplacé par » une portion égale de ce revenu , et d'un re- » couvrement aussi certain , le gouvernement » donne aux créanciers de l'état une nouvelle ga- » rantie de l'exactitude des paiemens , de l'effi- » cacité de l'amortissement ; et cette espèce de

» privilège accordé à la dette publique ne sera
» pas sans utilité pour l'état, puisqu'il placera
» avec plus d'avantage des effets auxquels la con-
» fiance attachera plus de valeur.

» L'exemple de ce qui se passe chez une na-
» tion voisine, où le crédit public s'est élevé au
» plus haut degré, nous indique la route à suivre
» pour obtenir des résultats semblables. La dota-
» tion de la caisse d'amortissement, dans sa nou-
» velle consistance, assure l'extinction graduelle
» du capital de sa dette; il n'est pas moins im-
» portant de donner aux créanciers de l'état toute
» sécurité sur le service des arrérages ».

On ne me reprochera pas d'avoir affaibli l'objection, et déprécié les avantages inhérens au plan
du ministre; la réponse sera simple; je la crois
péremptoire.

Y a-t-il l'ombre de parité à établir entre la
banque d'Angleterre et celle de France ?

En Angleterre, tous les grands propriétaires,
tous les capitalistes, la nation toute entière, sont
intéressés dans la banque; ses billets circulent
d'un bout du royaume à l'autre; ils sont préférés
au numéraire.

Ses capitaux sont immenses, presque incal-
culables.

Le produit de l'accise, c'est-à-dire de la bran-
che la plus importante du revenu public, est

versé journellement dans les caisses de la banque.

Ainsi ses ressources, ses produits, et la confiance dont elle est entourée, garantissent l'exactitude des paiemens.

En France, au contraire, quel est le grand propriétaire qui ait identifié ses intérêts avec ceux de la banque ? Ses plus forts actionnaires possèdent à peine quatre-vingt, cent actions; c'est-à-dire, un fonds de 100 à 120,000 francs.

Les billets de la banque ne circulent que dans l'enceinte de Paris ; hors des barrières, ils ne sont admis dans aucune caisse publique. Elle a renoncé aux comptoirs qu'elle avait établis à Lyon, Rouen, Lille, et dont les résultats avaient été si désavantageux pour elle.

Son capital est de 108,000,000 francs ; mais 8,000,000 fr. au moins composent son mobilier; elle possède 2,200,000 fr. de rentes en tiers consolidé, achetées au cours de 82 fr. ; elle-même a retiré de la circulation 19,000 de ses actions. Il lui reste donc à peine un capital disponible de 60,000,000 fr. Peut-elle seconder le gouvernement, comme le fait la banque d'Angleterre ?

Je sais qu'un capital disponible de 60,000,000f. représente, par les mouvemens de la circulation, une masse de 200,000,000f.; mais quel sera l'effet de cette mesure ? De deux choses l'une, ou les

capitaux circulans de la banque , capitaux spécialement consacrés au soulagement du commerce , absorbés par les besoins journaliers du
gouvernement, seront détournés de leur véritable destination , et l'état languissant du commerce, qu'il est si important de raviver, s'étendra
sur les opérations même du gouvernement ; ou
si , comme on ne saurait en douter , le fonds consolidé est fixé , si ses rentrées sont déterminées ,
la banque se renfermera dans les fonctions ordinaires des banquiers , ne payant que quand les
fonds lui seront remis ; mais il faudra lui allouer
un bénéfice quelconque, pour l'indemniser des
dépenses qu'elle sera dans la nécessité de faire, et
l'administration du trésor n'en restera pas moins
la même. Au premier cas, danger réel ; au se-
con , inutilité et surcharge.

Que de réflexions ne suggérerait pas la direction des contributions , dont presque tous les
conseils-généraux de départemens ont demandé
la suppression ! Combien il serait facile de subs-
tituer à cette administration dispendieuse , et
sans compromettre le succès des recouvremens ,
un mode plus simple , plus approprié à la nature des choses ! mais le mieux est souvent l'en-
nemi du bien : c'est du tems qu'il faut l'attendre.

La réduction de la cour des comptes, beaucoup

trop nombreuse, maintenant que les comptes de l'arriéré sont entièrement ou presque entièrement appurés, et que quarante départemens réunis à la France à l'époque de la création de cette cour, en ont été détachés, offrirait encore quelque soulagement pour le trésor. On en sentira la nécessité, si l'on considère que l'ancienne commission de la comptabilité, composée de sept commissaires à 15,000 fr. de traitement, de quatre chefs de division et d'un secrétaire-général à 8000 fr., et de cent cinquante commis avec des rétributions graduées sur l'importance de leur service, ne coûtaient que 500,000 fr., et que la cour des comptes coûte plus d'un million. La plupart de nos institutions, tracées sur un plan trop étendu, attestent la grandeur imaginaire ou réelle d'un tems qui n'est plus, et ne peut revenir. Ressemblerions-nous à ces insensés qui, réduits par des événemens imprévus à la nécessité de restreindre leurs dépenses, conserveraient au sein de la médiocrité (heureux s'ils savaient en jouir), le ton, les goûts et le faste d'une opulence déplacée ?

———

Les frais de négociation, effet inévitable du double défaut de recouvrement et de confiance, sont et doivent être pendant la série de quatre an-

nées encore, un objet de dépense de 15,000,000 f.
Je conçois que sous un gouvernement dissipa-
teur, qui ne calculait que ses besoins, et fondait
ses ressources sur la violence; sous un gouvernement qui, centralisant tout dans la capitale, se
voyait constamment dans la nécessité de faire
refluer dans les provinces l'or qu'il en avait
pompé, on fut dans le cas de recourir à la voie
des négociations pour faire face aux besoins qui
devançaient toujours la rentrée des ressources ;
mais lorsque les recettes et les dépenses seront à
jour, ne serait-il pas possible de rémédier à cet
inconvénient? Un contrôleur - général des dépenses, ou le sous-ministre d'état au département des finances, ne pourrait-il pas concerter
avec les différens ministres, les époques de paiement des différens marchés qu'ils souscriraient? Ne
pourrait-il pas épargner à l'état les frais de trans-
port, en veillant à ce que les rentiers ou pension-
naires fussent payés dans leurs départemens res-
pectifs, sur les fonds qui resteraient à la disposition des receveurs-généraux? Cette mesure, ou
toute autre équivalente, pourrait amener, ce me
semble, sinon la suppression, du moins la réduction de cette somme énorme, qui grève l'état sans
lui procurer le moindre avantage. Il en faut une
au moins, et tout le monde est d'accord sur ce
point, pour coordonner, avec l'établissement

de l'impôt, la fixation des dépenses de chaque ministère, trop·disposé à s'isoler, pour n'envisager que ses propres besoins, si l'on veut enfin jetter les bases d'un système régulier de finances.

Ministère de la Police.

C'est par erreur sans doute, eh! peut-on y assigner une autre cause? que ce ministère, qui a 10,000,000 fr. à sa disposition, réclame une augmentation de 200,000 fr. Un cri général s'est élevé à cet égard : *c'est trop* ou *trop peu*, et l'opinion publique a proscrit cette réclamation intempestive. Que le ministre se rassure cependant; le bien du service n'en souffrira pas; la réduction des commissaires spéciaux qu'il a créés dans les départemens, et dont l'existence est devenue ou inutile ou incompatible avec l'administration dont elle entrave la marche, ainsi que la réforme des abus inhérens à son ministère comme à tout autre, lui procureront, et au-delà, l'augmentation dont il a besoin pour subvenir à l'accroissement de service que les circonstances lui ont donné.

Il eût été à désirer, peut-être, que le ministre pût entrer dans quelques explications relativement aux dépenses éventuelles : paiement en espèces, d'intérêts des capitaux de créances étran-

gères (art. 17 et 18 de la convention du 20 no-
vembre 1815), qui forment, pour six années,
une masse de 33,000,000 fr. ; qu'il pût en déterminer l'étendue et la durée. Mais nous devons
respecter le silence que lui ont sûrement imposé
des considérations d'un ordre plus élevé ; et je
n'en fais l'observation que pour prévenir toutes
réflexions à cet égard.

J'ai effleuré quelques articles de dépenses in-
diqués dans le budget ; déjà l'on est convaincu
que l'économie est pour nous le port du salut ;
et je n'ai pas dit que lorsque, sous le règne de
Louis XIV, la France déployait une force militaire de plus de 400,000 hommes, il n'y avait
que cent six commis aux bureaux de la guerre ;
qu'il n'y en avait que deux cent cinquante en
1789, c'est à-dire à une époque où les dépenses
allaient toujours croissant ; qu'il n'y en avait que
quatre-vingt-seize aux bureaux de la marine,
lorsque nous avions 90 vaisseaux de ligne ; qu'il
n'y en avait alors que 55 au trésor royal. Je
n'ai pas dit que Sully dirigeait deux ministères
avec quatre secrétaires et vingt commis. Quelle
force n'ajouterait pas à ces réflexions le tableau
des dépenses des Etats-Unis d'Amérique, dont la
population était, au 1er juillet 1816, de plus de
7,000,000 blancs et de 1,650,000 noirs. L'armée est réduite à 10,000 hommes de troupes ré-

glées , mais les cadres sont conservés ; des fonds
sont assignés pour former des arsenaux, pour cons-
truire des fortifications et des batteries de côtes,
ainsi que pour porter la marine à 12 vaisseaux de
ligne et à 24 frégates ; le revenu annûel s'élève
par aproximation , net de toutes charges, à
25,000,000 de dollars, c'est-à-dire à 125,000,000
de France, et leur dépense ne consiste que dans
les articles suivans :

	dollars.	de France.
Liste civile, Sénat, Chambres, Af- faires Etrangères et dépenses diverses.	1,800,000	9,000,000
Département de la Guerre.........	5,700,000	28,500,000
de la Marine.........	4,000,000	20,000,000
Total..........	11,500,000	57,500000

Aussi la caisse d'amortissement pour la dette publique est-elle dotée d'un revenu fixe de 8,000,000
de dollars, 40,000,000 f., et les 5,500,000 dollars,
excédent annuel des revenus sur les dépenses,
ajoutent-ils aux ressources fixes de la caisse d'a-
mortissement.

Aussi dans le court espace de 1801 à 1812, les
Etats ont-ils remboursé 48,250,000 dollars , ou
241,250,000 fr. du capital de l'ancienne dette,
et huit années de paix suffiront pour réduire à
50,000,000 de dollars leur dette , qui s'élève à
132,000,000 ; tant il est vrai de dire que l'économie fonde les petits états , et seule peut retenir

les grands sur les bords de l'abîme. Lorsque l'iu-
génieuse antiquité a honoré dans Hercule le zèle
et la constance infatigable qu'il a apportés à net-
toyer les étables d'Augias, peut-on croire que,
sous le voile de cette heureuse allégorie, elle ait eu
d'autre objet en vue que de signaler à la reconnaissance des hommes la destruction des abus qui,
s'attachant aux meilleures institutions comme la
rouille s'attache au plus utile des métaux, enra-
cinés avec le tems et consacrés par une longue
prescription, semblent s'identifier avec les institutions elles-mêmes, et braver la réforme ?

Dignes représentans de la nation, c'est à vous
qu'il appartient de porter la cognée à la racine
du mal, et de ramener nos institutions aux principes de simplicité et d'utilité qui, seuls, peuvent
en assurer la durée. Les états - généraux du
royaume des Pays-Bas viennent de donner un
grand exemple au monde, en réduisant de
9,000,000 florins, c'est-à-dire, 19,000 fr., leurs
dépenses administratives. Il ne sera pas perdu
pour la France qui a servi si long-tems de mo-
dèle aux autres nations. Quelqu'onéreux que
soient les impôts, on en supporte aisément le
poids, quand on a acquis la certitude de leur
nécessité et de leur convenance.

Je passe à l'examen du budget des recettes, qui

me paraît susceptible d'accroissemens impor-
tans.

Mais avant de développer mes idées à cet égard,
je dois rendre hommage au caractère de loyauté
qui règne dans le rapport du ministre des finances,
aux idées généreuses qu'il renferme, et surtout à
l'esprit de justice qui le distingue.

Les dispositions qui règlent dès à présent le
mode de remboursement de l'arriéré, qui en garantissent le paiement intégral, et qui, en rendant les créances négociables, donnent aux créanciers les moyens d'en recouvrer les fonds avant
l'échéance, sont une juste modification de la loi
du 28 avril 1816; modification réclamée par l'opinion publique, et qui peut et doit avoir une heureuse influence sur notre avenir.

S'il est un principe incontestable au monde,
c'est que l'état, comme les particuliers, doit à ses
créanciers le paiement intégral de leurs créances.
« Ce principe n'est pas seulement dans la morale
» d'un gouvernement, il est aussi dans son inté-
» rêt; car la fidélité dans ses engagemens produit
» la confiance, et la confiance est la base du crédit
» public». Eh! que l'on ne croie pas que le crédit
soit un vain nom; ce n'est pas sans doute, comme
le prétendent ses prôneurs, un levier qui peut
soulever les montagnes; ce n'est pas une panacée
qui guérit comme par enchantement toute espèce

de maux ; gardons-nous de l'exagération des idées, dont les effets ne sont pas moins funestes que ceux de l'ignorance elle-même ; mais, certes, c'est un élément de puissance que des législateurs ne sauraient négliger.

Le crédit, si souvent invoqué, trop souvent méconnu, est le résultat nécessaire de la confiance, qui ne se commande pas, mais s'inspire ; il ne se repaît pas de chimères, il s'alimente peu d'illusions, d'améliorations incertaines, de probabilités même ; il lui faut des réalités, des réalités soutenues, répétées, des bases inébranlables.

Quelles sont ses bases ?

La stabilité des institutions.

La possibilité (de remplir les engagemens con-
La volonté (tractés.

Ces bases sont tellement inhérentes à son essence, que si une seule d'elles est ébranlée, il s'évanouit sans retour. Mais qui pourrait en contester l'existence ?

La stabilité des institutions est garantie par la charte, ouvrage immortel de la sagesse du monarque, et le gage assuré de notre bonheur ; par la charte, en exécution de laquelle les chambres sont assemblées ; par la charte, que tous nos députés ont juré, entre les mains du Roi, de maintenir, et qu'ils maintiendront.

La possibilité de remplir les engagemens contractés.

Ce serait outrager la nation, que de douter de
ses ressources; si elles n'existaient pas, elle saurait les créer.

Enfin la volonté : elle est dans tous les cœurs ;
ce sentiment ne s'effacera jamais. Nous mesurons
d'un œil inquiet l'étendue de nos sacrifices, mais
tous nous en sentons la nécessité, tous nous nous
y résignons.

Le crédit est donc à nous, si nous voulons en
user, et nous en userons, parce que nous voulons
sauver l'état, parce que le crédit est le premier
élément de son salut.

Il en connaissait bien les avantages, il savait
quelle influence il exerce sur la prospérité des empires, Hamilton, qui, appelé au timon des finances des Etats-Unis d'Amérique, au sortir de
cette crise heureuse qui avait assuré leur indépendance, mais lorsqu'ils succombaient sous le
poids d'une dette énorme qui en faisait présager
la ruine, lorsque leurs effets perdaient 98 pour
cent, regardait la fidélité dans les engagemens
comme la seule planche dans le naufrage. « Qu'on
paye tout, disait-il au congrès, je réponds de tout. »
On sait si l'événement a trompé son attente; la
majeure partie de la dette avait été acquittée, acquittée intégralement ; les porteurs d'effets de
100 liv., acquis au vil prix de 40 sols, en avaient
réellement touché la valeur; et vingt années après,

80 millions attendaient d'un gouvernement pro-
digue la cession de la Louisiane.

Quel poids ne jette pas dans la balance de la
discussion un fait de cette importance ? Quels rai-
sonnemens pourraient contrebalancer de semblables résultats ? tant il est vrai de dire qu'en finances comme en politique, il n'y a d'utile que
ce qui est juste.

Aussi la France a-t-elle applaudi aux nobles
sentimens exprimés l'année dernière à la tribune
par le ministre des finances, sentimens qu'il avait
puisés dans le cœur de Sa Majesté, sanctuaire de
toutes les vertus.

« Eh ! nos embarras, fussent-ils plus grands en-
» core, il serait toujours beau, il serait moral, il
» serait digne du Roi et de la France de pro-
» clamer, au milieu des ruines, le maintien de la
» foi donnée ».

Quelques couleurs qu'on lui prête, la conso-
lidation forcée plaçant les créanciers dans la
cruelle alternative ou de négocier avec perte,
comme presque tous l'ont fait, ou de garder sans
espoir de remboursement, quand le terme n'en
est pas fixé, un effet déprécié, est une véritable
violation du droit de propriété. Qui ignore
qu'un engagement légalement contracté, ne peut
être révoqué que du consentement mutuel des
parties qui y ont concouru ? Eh ! exista-t-il jamais

d'engagement plus solennel que celui qu'a consacré la loi du 23 septembre 1814? Préparée par
une discussion approfondie, revêtue de l'appro-
bation des trois branches du pouvoir législatif,
elle a été, dans toute la force du terme, l'expression de la volonté générale ; et le retour subit de
le confiance, qui en a été l'heureux résultat,
dépose assez en faveur de l'infaillibilité du principe. Mais cette loi même, eût-elle été injuste,
impolitique, immorale, on est fondé à douter
encore qu'il fût possible d'y déroger, avant que le
tems en eût bien démontré les inconvéniens ; car
le plus grand malheur d'une nation est de voir
flotter ses institutions et ses lois au gré de l'in-
constance ; lorsque chaque jour amène de nouveaux changemens, lorsqu'on ébranle impru-
demment les fondemens de sa législation, l'esprit
public, sans lequel il n'y a ni gouvernement ni
patrie, ne saurait y prendre racine ; les ressorts
de l'ordre se relâchent, s'usent, se brisent, et la
société retombe dans le chaos. Puissent les leçons
de l'expérience n'être plus perdues pour nous ?
Puissent le souvenir des convulsions qui nous ont
agités si long-tems, et l'exemple d'une nation voisine qui, éclairée sur les abus de son gouvernement, les préfère à un meilleur ordre de choses
qui pourrait en entraîner la dissolution, nous ga-
rantir de ces funestes écarts ! Il n'existe donc

qu'une manière de se montrer fidèle à ses engagemens, c'est de payer intégralement ce qu'on doit,
et de le payer aux époques fixées ; voilà le principe.
Toutes les fois que des circonstances impérieuses
placent le débiteur dans l'impossibilité de s'acquitter ainsi, il n'a plus que le choix des moyens
qui blessent le moins possible les droits de ses
créanciers ; voilà le mode d'exécution : le principe repose sur l'article 70 de la charte, il est hors
de toute atteinte : le mode d'exécution, nécessairement subordonné à l'empire des circonstances,
et variable comme elles, rentre dans le domaine
du législateur ; mais le législateur doit en ce cas
se rapprocher le plus possible des dispositions
de la loi, dont la fatalité lui impose l'obligation
d'éluder l'exécution ; or, que prescrivait la loi du
23 septembre 1814 ? l'acquittement de l'arriéré ;
il était nécessaire. Comment le prescrivait-elle ?
Soit en obligations du trésor royal, à ordre,
payables à trois années fixes de la date des ordonnances, portant indemnité à partir de ladite date;
soit en inscriptions de rentes.

Elle affectait spécialement au paiement et à
l'amortissement de ces obligations :

1°. Le produit de la vente de 300,000 hectares
de bois de l'état ;

2°. L'excédent des recettes sur les dépenses
du budget, évalué 70,000,000 fr. ;

3°. Le produit des ventes des biens des communes et autres biens cédés à la caisse d'amortissement.

Des événemens désastreux, qui avaient englouti la fortune publique, altéré les fortunes particulières, et desséché jusqu'aux sources de l'espérance, avaient fait disparaître une partie du gage des créanciers ; ils savaient eux-mêmes que celui qui leur restait était insuffisant, et le deviendrait bien davantage ; ils savaient que le resserrement et l'altération des capitaux feraient languir les ventes de bois ; qu'elles ne fourniraient pas, non-seulement les moyens de racheter les obligations par anticipation, mais même de les rembourser à l'échéance. La vente des bois eût été une calamité publique ; leur intérêt même commandait d'autres mesures.

Mais c'était dans la loi qui avait consacré leurs droits, qu'il fallait les chercher ; cette loi (art. 24) avait reculé leur paiement à trois années fixes, à partir de la date des ordonnances de liquidation ; ce terme était trop court (et il le sera tant que la contribution de guerre pèsera sur la France) ; il fallait en ajourner le paiement à 1821 ; mais que de ce moment l'acquittement commençât, et s'effectuât sans interruption, par cinquième, d'année en année.

Il fallait qu'un intérêt modéré, mais fidèlement servi, les indemnisât de ce retard.

La loi leur laissait la faculté de choisir entre les obligations royales et les inscriptions de rentes ; il fallait la leur conserver.

Il fallait leur laisser leur gage, et affecter à leur paiement les 3oo,ooo hectares de bois dont la loi avait ordonné la vente, dans le cas où, contre toute attente et par suite de circonstances imprévues, le remboursement n'aurait pu s'effectuer en 1821 et années subséquentes.

Ainsi, en proclamant le respect dû aux engagemens antérieurs, en assurant d'une manière fixe et invariable le service des intérêts, en puisant dans la loi même les moyens de l'exécuter, autant que les circonstances pouvaient le permettre, son vœu eût été rempli et la justice satisfaite.

Honneur au ministre qui, en rendant cet hommage éclatant aux principes, raffermit le crédit sur ses véritables bases ; il serait digne de la législature de proclamer qu'aucun contrat passé entre l'état et ses créanciers ne peut être scindé pour quelque cause que ce fût ; il serait digne d'elle de rendre aux créanciers de l'arriéré le gage qui leur avait été donné par la loi du 23 septembre ; je veux dire les 3oo,ooo hectares de bois ; car la restitution des biens des communes ayant été sanctionnée par le Roi, est irrévocable.

Mais je voudrais (tout est facile avec le crédit) ouvrir sur ce gage affecté aux créanciers de l'arriéré, et dans leur intérêt, un emprunt de 150,000,000 fr.

Cet emprunt, spécialement consacré à l'acquittement instantané de l'arriéré, offrirait aux créanciers de cette classe un moyen certain de remboursement ; il offrirait aux capitalistes un débouché avantageux de leurs capitaux.

Je le constituerais en forme de tontine viagère, par actions de 1,000 fr., portant 10 pour cent d'intérêt, avec accroissement au profit des prêteurs survivans, de la portion afférante aux prêteurs qui viendraient à décéder, sous les déductions suivantes ; savoir : du sixième de la rente éteinte au profit du gouvernement, tant que le nombre des décès n'atteindrait pas le cinquième des prêteurs ; du cinquième, lorsque les décès excéderaient le cinquième, sans atteindre le quart ; du quart, tant qu'ils n'atteindraient pas le tiers ; du tiers, lorsqu'ils iraient à moitié ; enfin de moitié, lorsque le nombre des prêteurs survivans serait réduit au cinquième.

Ces diverses portions, versées annuellement à la caisse d'amortissement, ajouteraient d'autant à ses moyens ; les revenus cumulés des postes et de la loterie, qui s'élèvent à 17,000,000 fr., se-

4

raient privativement et exclusivement affectés au paiement des intérêts.

Et pour prévenir cette espèce de méfiance qui s'est attachée dans tous les tems aux établissemens de cette nature, je désirerais que l'on fît imprimer tous les ans ou insérer dans le *Moniteur* des listes divisées par séries de mille prêteurs, dont le sort serait pour ainsi dire lié, de manière que chaque prêteur pût acquérir à chaque instant la connaissance de ceux de ses consorts qui y auraient droit, et déterminer lui-même le *quantum* de sa rétribution dans cet emprunt.

Je désirerais également que le tableau nominatif de tous les prêteurs fût mis sous les yeux de Sa Majesté, et déposé aux archives de la Chambre des Députés.

Cet emprunt, qui absorberait plus du tiers de l'arriéré, évalué à 4oo,ooo,ooo fr., n'entre pas comme partie nécessaire dans mon plan ; mais il peut aider puissamment le gouvernement, et c'est un devoir pour les Chambres de faciliter son action.

L'objection tirée du défaut de crédit tombe d'elle-même, lorsque le gouvernement en aura jeté les bases. La ressource des emprunts a-t-elle jamais manqué à l'Angleterre ? a-t-elle manqué aux Etats-Unis d'Amérique ? pourrait-elle manquer à la France, lorsque la sagesse et la justice président à ses destinées ?

J'adhère à l'aliénation de 150,000 hectares de bois pour former le fonds de dotation de la caisse d'amortissement, parce que, dans mon opinion, autant il est impolitique d'accroître, dans les circonstances, la masse des charges pour en opérer l'extinction, autant il est juste, autant il est loyal de se dépouiller de ce qu'on possède pour arriver à ce resultat, parce qu'une opération gigantesque est rarement couronnée du succès qu'on en attend, parce qu'il est naturel de proportionner ses moyens à ses forces.

Ces 150,000 hectares, qui, d'après les évaluations modérées du ministre, peuvent former un capital de 100,000,000 fr., offriront pendant quatre années successives à la caisse d'amortissement, un fonds de 25,000,000 fr., à l'aide desquels elle pourra exercer sur la place une utile influence. Pour étendre son action, je la doterais encore, à perpétuité, du produit des consignations, des dépôts judiciaires ou volontaires versés au trésor public ; je la doterais du montant des extinctions des rentes viagères, ainsi que des bénéfices réservés au gouvernement par l'effet des réductions qu'entraîneront les chances de la vie sur la tontine viagère.

Quoiqu'on doive en principe concentrer la

caisse d'amortissement dans sa véritable destination, il convient d'accroître sa dotation de tous
les fonds et bénéfices qui ne sont pas spécialement affectés à l'acquit des charges publiques :
ces bénéfices, ces fonds excédans, employés en
acquisitions de rentes, contribueront à la plus
prompte extinction de la dette, extinction dont
le vœu est dans tous les cœurs, et qui nécessitera,
dans des tems plus prospères, l'adoption de mesures plus efficaces.

J'adhère également aux dispositions proposées
pour la fixation du *maximum* des pensions ; ces
dispositions, puisées dans notre ancienne législation, ont été consacrées par une heureuse expérience ; mais elles manquent, ce me semble,
du complément nécessaire pour en assurer l'exécution : il serait à désirer que l'on fît, comme
en Angleterre, imprimer tous les ans le tableau
des pensions, l'état nominatif des personnes qui
les ont obtenues, et l'indication des services qui
les leur ont méritées : cette mesure aurait le double avantage de rendre plus réservé à les solli-
citer, plus circonspect à les accorder.

Mais je repousse de toutes les forces de mon
intelligence, comme l'opération la plus désas-
treuse, la plus fatale au crédit et commerce,
l'ouverture de l'énorme crédit de 30,000,000 fr.
de rente, sollicité pour cette année ; de

21,800,000 fr. pour 1818 ; de 21,100,000 fr. pour 1819, et de 22,900,000 fr. pour 1820. Ce sont de ces remèdes violens qu'il ne faut employer qu'à la dernière extrémité ; c'est en abusant de la facilité d'emprunter, qu'on se met dans l'impossibilité de remplir ses engagemens ; la fidélité consiste à ne promettre que ce que l'on peut tenir : on n'éteint point une dette quand on la rembourse avec des emprunts toujours renouvelés et augmentés sans prévoyance. Les opérations financières de M. Necker, et les tristes résultats qui les ont couronnés, dispensent de tout développement à cet égard. Tenons pour principe vrai et incontestable, que lorsque des circonstances malheureuses commandent de grands sacrifices, il faut les faire franchement et définitivement. En conséquence,

1°. J'ajouterais, pendant quatre années, au principal de la contribution foncière, et indépendamment des 50 c. additionnels qui pèsent déjà sur elle, 50 autres centimes, comme l'a proposé le ministre, pour la contribution personnelle et mobilière; mais j'en affranchirais entièrement les cottes au-dessous de 25 fr. ; celles au-dessus de 25 fr. jusqu'à 50 fr. ne seraient assujetties qu'à une augmentation de 25 c.; les 50 c. additionnels embrasseraient la totalité des cottes au-dessus de 50 fr. On peut raisonnablement espérer que cette

nouvelle taxe, ainsi mitigée, procurera une augmentation de 50,000,000 fr. ; elle pèsera principalement sur la classe aisée, qui est censée avoir
et a effectivement plus de ressources, sur la classe
qui a le plus d'intérêt au maintien de la tranquil-
lité publique.

Je n'ignore pas que l'impossibilité d'accroître
la contribution foncière est généralement reconnue. L'invasion de 1814 et celle de 1815, et toutes
les calamités qui en ont été les résultats, ont principalement pesé sur les propriétaires; dans des
tems plus heureux, il serait juste de venir à leur
secours ; mais les circonstances s'y opposent, et
c'est sur leur patriotisme seul que je fonde cette
importante ressource. La certitude qu'après l'ex-
piration de ces quatre années de gêne et de dé-
tresse, non-seulement cette taxe extraordinaire
cessera de plein droit, mais encore que la contribution foncière elle-même éprouvera un allé-
gement sensible, adoucira pour eux l'amertume
de ce nouveau sacrifice ; ainsi le patriotisme des
Anglais leur a fait supporter sans murmure l'impôt du 10eme du revenu, la taxe de propriété et
l'impôt répété sur la drèche : ils jouissent maintenant et des avantages que leur ont procuré ces
sacrifices, et de l'abolition de ces droits ; rivaux
de gloire, nous ne serons pas surpassés en vertus
publiques.

2°. Y aurait-il tant d'inconvénient à porter, pendant ces quatre années, le prix du sel, au lieu de 3 décimes à 4, comme en 1814, et même à 5 décimes ? Ressource d'autant plus précieuse, que les frais de perception restant les mêmes, tout serait bénéfice pour le trésor. On n'hésitera pas, si l'on considère qu'avant la révolution certaines provinces, et c'était le plus grand nombre, payaient cet impôt dans une proportion bien supérieure à sa quotité actuelle ; que le prix moyen du sel y dépassait 6o fr. le quintal, poids de marc, tandis qu'aujourd'hui le prix, en y comprenant le droit de 3 décimes, n'est guères que 45 fr. le quintal métrique. Aucun sacrifice ne coûtera à la nation pour se libérer des charges qui pèsent sur elle ; il lui suffit de penser que les sacrifices qu'elle s'impose ne seront que momentanés, et l'on peut se reposer sur la sollicitude paternelle de S. M. pour le soulagement de ses peuples, du soin d'en rapprocher l'époque. Un décime d'augmentation donnerait de 10 à 11,000,000 fr. ; deux décimes en donneraient 25. Cet impôt deviendra plus productif encore, si l'on parvient à épurer les abus sans nombre qui règnent à l'extraction.

3°. Une légère augmentation sur le prix du tabac, que l'on ne peut considérer comme objet de première nécessité, ne paraîtrait pas moins convenable ; en portant à 12 fr. 3o c. au lieu de

11 fr. 20 c. le prix de la première qualité , et à 8 fr. au lieu de 7 fr. 20 c. le prix de la seconde , ce qui revient à un dixième du produit brut, on pourrait espérer une augmentation de 6,000,000f.

4°. En augmentant de 5 c. ou d'un sol la taxe de la lettre simple , augmentation qui serait à peine aperçue , on ajoutera un revenu de 2,000,000 fr. à celui des postes.

5°. La taxe sur les voitures d'agrément produit , aux Etats-Unis d'Amérique , un revenu de 200,000 dollars , c'est-à-dire, de 1,000,000 fr. ; j'aime à croire que cette taxe, combinée d'après les mêmes bases, rapporterait au moins 2,000,000f.

6°. Une taxe quelconque sur les chevaux de luxe pourrait produire 500,000 fr.

7°. Il en serait de même d'une taxe sur les domestiques , graduée sur l'échelle des besoins ; un seul domestique ne payerait pas , le second payerait peu , le troisième un peu plus , le quatrième davantage , et ainsi de suite. Les domestiques employés aux travaux de l'agriculture, en quelque nombre qu'ils pussent être , ne seraient point assujettis à cette taxe.

8°. Pourquoi le sucre et le café ne subiraient-ils par aussi une augmentation proportionnelle ? Nous nous rappelons encore avec effroi ces jours de deuil et d'oppression, où le chef du gouvernement, propriétaire exclusif des denrées coloniales, nous les revendait au poids de l'or, et trouvait dans cet échange odieux les moyens d'alimenter ses projets insensés. Il me semble qu'une loi sagement combinée dans le triple intérêt de la propriété coloniale, du commerce et de l'état, produirait au trésor une augmentation de revenu de plus de 6,000,000 fr.

9°. Le gouvernement afferme le droit de pêche; l'exercice de ce droit est fondé sur l'art. 538 du code civil, qui considère les fleuves et rivières navigables comme des dépendances du domaine public. Sans doute on ne peut proposer d'affermer aussi le droit de chasse, ce serait une atteinte formelle portée au droit sacré de la propriété; mais pourquoi ne pas doubler, tripler même le prix du permis de port d'armes? Ce serait peut-être le plus sûr moyen de prévenir le braconage, que l'on peut considérer comme une violation constante et habituelle du droit de propriété. Puisque les circonstances réduisent à la nécessité d'imposer les besoins réels, pourquoi ne pas imposer aussi les plaisirs?

10°. Je ne puis souscrire à l'adoption de l'art. 58 du projet de loi, qui fait remise aux héritiers et représentans des propriétaires émigrés, dont les biens ont été confisqués, des droits de mutation par décès, dus à raison des biens appartenant à leur auteur, et dans la propriété desquels lesdits héritiers et représentans ont été réintégrés en vertu des lois des 5 décembre 1814 et 28 avril 1816.

Cette exemption n'ayant été prononcée ni par la loi de 1814, ni par celle de 1816, il est hors de doute que dans l'état actuel de la législation ces héritiers doivent les droits auxquels toute mutation par décès donne ouverture, puisque ces droits sont une charge inhérente à la qualité d'héritier, et que c'est seulement en vertu de cette qualité qu'ils sont habiles à se faire remettre la possession des biens qui ont appartenu à leurs auteurs; la considération que ces biens sont restés pendant plusieurs années dans les mains du domaine, et qu'il en a perçu les fruits, ne motive pas en faveur de ces héritiers une exception à la règle générale, le domaine ayant possédé et joui *jure*, *animo domini*. Eh! quelle ressource cette infraction des principes enlèverait à l'état!

403,488 hectares de bois ont été restitués aux anciens propriétaires, ce qui réduit la consistance actuelle des forêts domaniales à 1,271,238 hect.

403,488 sont à 1,271,238 ce qu'un est à trois.

Si les forêts domaniales offrent dans leur consistance actuelle un revenu de 17,000,000 fr., ces 403,488 hect. doivent en offrir un de 5,000,000 f. au moins. Le gouvernement a dû les restituer aux propriétaires, la justice commandait cette mesure; mais pourquoi étendre ce bienfait au-

delà de ses limites naturelles ? Pourquoi l'étendre
contre le vœu de la loi , contre la teneur de la
législation ? Il n'y a sûrement pas d'exagération
à prétendre que les droits de mutation par décès
s'élèveraient au moins à 3,000,000 fr. , sur une
masse de propriétés qu'on peut évaluer à plus
de 200,000,000 fr.

11°. Des réflexions de même nature, puisées
également dans l'intérêt public , s'appliquent à
l'affranchissement des bois communaux, dont le
ministre a évalué la consistance à 2,000,000 d'hectares, dont 350,000 de réserve se composent de
bois de 30 ans et plus, et que l'on peut évaluer à
plus de 25,000,000 fr. de revenu.

Une portion du produit des coupes de ces bois
était depuis long-tems attribuée au trésor ; des actes
du dernier gouvernement avaient successivement
porté ces prélèvemens jusqu'à 75 et 80 pour cent.
Les ordonnances de Sa Majesté les avaient réduits à
50 pour cent , pour 1814 et 1815 : tempérament
commandé par la justice. Pourquoi ne pas l'étendre aux quatre années subséquentes ? Pourquoi
se priver d'une ressource aussi importante dans
le moment où des charges aussi excessives pèsent
sur le trésor ? Pourquoi en abandonner une qui ,
par une longue possession , était devenue pour
l'état une sorte de propriété ? Heureuse de la recouvrer cette propriété si précieuse , quelle est la

commune qui ne s'empressât de faire momenta-
nément à l'état l'hommage de la moitié du produit ? J'ai démontré que ce prélèvement pourrait offrir une ressource de 12,000,000 fr. par
année.

J'avais eu l'idée de proposer la vente des arbres
plantés sur les routes, mais l'intérêt de l'agriculture
et celui du commerce doivent écarter cette idée ; je
me borne à exprimer le vœu qu'une législation vi-
goureuse préserve ces arbres, qui sont véritable-
ment une dépendance du domaine public, des
usurpations des propriétaires riverains, et fasse
tourner le prix des émondes au profit du trésor.
Mais il est un objet qui paraît mériter une attention particulière. L'année dernière le ministre des
finances avait proposé la création de six nouveaux
droits sur les huiles, les fers, les cuirs, les pa-
piers, les transports, les tissus : ces droits ont été
écartés par la loi du 28 avril 1816. Le ministre
reproduit cette année le droit sur les huiles, mo-
difié d'après les circonstances ; ce droit sera sûrement adopté ; pourquoi n'adopterait-on pas
aussi le droit sur les tissus ? Si, dans l'état actuel
de la France, le trésor public doit puiser dans les
contributions indirectes la plus forte partie de ses
recettes ; « si l'impôt indirect, par la variété de
» ses combinaisons, et surtout par cette propriété
» toute particulière qu'il a de se confondre avec

» le prix de la denrée, de s'identifier avec la
» jouissance ou le besoin du consommateur », a
sur les autres contributions un avantage qui ne
peut plus être contesté; si c'est une mine féconde
que l'on doive exploiter à l'avantage de la société ; s'il ne peut y avoir, comme on en est généralement convaincu, de droits réunis sans exercice ; si les tissus sont la matière imposable qui
s'y offre éminemment ; si des droits modérés sur
les tissus pourraient seuls, même en laissant une
grande latitude aux dépréciations hypothétiques
de leurs produits, procurer un revenu de plus
de 50,000,000 fr. ; s'ils sont combinés de manière
à prévenir l'introduction frauduleuse des mar-
chandises manufacturées à l'étranger, que le commerce évalue à plus de 200,000,000 fr. par an,
tout en favorisant le développement de l'industrie
nationale, pourrions-nous, lorsque nous n'avons
pas même le choix des ressources, en laisser
échapper une aussi précieuse ? Le moyen proposé
l'année dernière par M. Beslay, membre actuel
de la Chambre des Députés, est remarquable par
sa simplicité, par l'exactitude de ses calculs, par
la force et l'enchaînement de ses preuves, et surtout par l'importance de ses résultats : je n'hésite
pas à le fondre dans le projet de budget, en en
réduisant le produit de deux cinquièmes.

Les contributions directes sont portées au taux

le plus élevé qu'elles puissent atteindre , et la disproportion entre les recettes et les dépenses ne
peut être comblée que par des perceptions indirectes. Le sort de la propriété et celui du commerce sont indissolublement liés ; ils ne peuvent
exister l'un sans l'autre ; ils se prêtent un mutuel
appui. La propriété fournit au commerce les matières premières , aliment de son industrie ; le commerce procure aux propriétés la vente de ses productions ; la propriété contribue à la prospérité
de l'état par le versement de ses denrées , le commerce par le versement et l'expansion de ses capitaux ; la propriété et le commerce sont également intéressés à la conservation de l'ordre , au
maintien des institutions , à la stabilité du gouvernement : la propriété et le commerce recueillant
dans la même proportion le fruit de ses bienfaits ,
doivent dans la même proportion contribuer à ses
charges ; et en effet l'état est-il autre chose que la
collection des intérêts individuels groupés autour
du souverain qui leur imprime le mouvement et la
vie , pour se soustraire au danger de l'isolement et
participer aux avantages de l'association ? Le balan-
cement de ces intérêts divers et souvent divergens,
les lois harmoniques qui en règlent le cours et en
préviennent le froissement , leur direction vers un
centre commun , voilà ce qui constitue le gouvernement ; l'utilité , la nécessité de son action

toujours présente , toujours soudaine , voilà l'ori-
gine de l'impôt, c'est-à-dire , de l'abandon d'une
portion pour assurer la jouissance du surplus ; et
si la conservation du tout était menacée, ne pourrait-on pas dire que le capital de l'impôt est la
propriété de l'état, comme la vie des citoyens est
le gage de son indépendance ? Ce fut dans des
circonstances semblables que M. Pitt proposa au
parlement d'Angleterre le rachat de la taxe foncière ; cette mesure hardie , sagement combinée ,
accueillie par l'élan d'un patriotisme éclairé , sauva
le pays, et jetta les fondemens de sa colossale
prospérité. Loin de nous de semblables mesures !
Mais un abîme est ouvert devant nous , on ne peut
le combler qu'en assujettissant à l'impôt toutes
les matières imposables ; les tissus s'y offrent
éminemment. La loi qui combinerait dans de
justes proportions les convenances des consom-
mateurs , les ménagemens dus au commerce et
les intérêts du trésor, ne pourrait qu'obtenir l'assentiment universel.

A toutes ces ressources , dont la plupart ne
seraient créées que pour quatre années , se join-
drait temporairement , pour 1817 , celle de
9,000,000 fr. de cautionnement à exiger des
payeurs des rentes, si le ministre jugeait convenable d'en user.

Me serait-il aussi permis d'exprimer le vœu de

la réduction des frais de perception dans les villes au-dessus de 100,000 âmes à 2 centimes; dans les villes au-dessus de 50,000 à 2 cent. et demi, à 3 cent. dans celles au-dessus de 10,000 âmes ; enfin dans les villes au-dessous de 10,000 âmes , ainsi que dans les communes rurales, à 4 cent. ? Cette réduction n'augmenterait pas nos ressources, mais elle diminuerait nos charges, et on ne saurait être trop économe des sueurs du peuple, trop avare de ses larmes.

Enfin , je rétablirais la vénalité des offices de judicature ; institution éminemment monarchique , qui a préparé les beaux jours de la magistrature française , dont trois siècles ont consacré l'utilité , et dont l'immortel auteur de l'*Esprit des Lois* a si judicieusement exalté les avantages. En 1791 , la liquidation des charges , dans toutes les branches de l'administration , s'est élevée à 1,200,000,000 fr. ; je ne porte qu'à 18,000,000 fr. le montant de la vénalité des offices de judicature , et j'en diviserais le paiement en quatre années.

Nos maux sont grands sans doute , mais ils ne sont pas sans remède; gardons-nous de léguer à l'avenir les charges et les tourmens du présent , si nous voulons nous-mêmes avoir un avenir; les mœurs gagneront à la diminution du luxe ; l'économie s'étendra à toutes les classes , et le bon-

heur, qui ne s'obtient pas toujours par la ri-
chesse, se trouvera dans la simplicité.

Mais l'avenir même s'offre-t-il dans une perspective si effrayante ? Des charges accablantes
pèsent sur nous; mais déjà les créanciers, rassurés
sur leur sort, bénissent un gouvernement répara-
teur, qui met sa gloire dans l'observation des règles
de l'immuable justice; ils l'aideront de tout leur
crédit, et la confiance renaissant ouvrira de nou-
velles sources de prospérité. Déjà les 20,000,000f.
avancés en 1815 par les départemens, pour les
troupes étrangères, sont remboursés.

Déjà sont soldés, et l'arriéré des neuf derniers
mois de 1814, montant à 8,238,331 fr. 38 c., et
celui de 1815, montant à 51,286,960 fr., et celui
de 1816, montant à 12,525,859 fr., seulement au
moyen de la déduction des 11,000,000f. signalés
comme formant un double emploi; et nous ne
verrons plus figurer au budget des comptes inin-
telligibles pour tout autre que pour celui qui
en a la clef.

Quant à l'ancien arriéré des caisses, montant à
104,000,000 fr., vingt-trois sont acquittés; le surplus sera compris dans les budgets de 1818 et
1819.

Déjà sur les 14,074,000 fr. d'obligations royales
restantes en circulation, 3,740,000 fr. vont être
remboursés: le budget de 1818 offrira les moyens

de pourvoir au remboursement des 10,334,000f. restans; et déjà, en 1818, les intérêts de ces obligations se trouveront réduits à 400,000 fr. Les exercices de 1818 et 1819, tout en les chargeant de l'acquit de moitié de l'ancien arriéré des caisses, montant à 81,000,000 fr. , et du remboursement des 10,334,000 d'obligations royales restantes en circulation, se trouvent déchargés de plus de douze millions; et l'exercice de 1820 offre un excédent de recette de 30,196,000 f. , qui viendra accroître les ressources de l'année suivante.

L'année 1821 s'ouvre sous d'heureux auspices; les 700,000,000 fr. de contributions de guerre sont acquittés, la France est débarrassée de la présence de 150,000 hommes, à l'entretien desquels elle fournissait annuellement 160,000,000 fr.; la caisse d'amortissement a déjà éteint 6 à 8,000,000 fr. de rentes, et je me place dans l'hypothèse la moins favorable; je suppose que les alliés ont épuisé par leur séjour en France toute la rigueur du traité, ce qui n'est pas probable, si l'on envisage et la fidélité avec laquelle nous avons rempli envers eux nos engagemens, et les relations amicales du gouvernement. Il ne nous reste, pendant les cinq années suivantes, qu'à pourveir à l'entier acquittement de l'arriéré.

La dette publique est réduite à 142,000,000 fr.

Nos charges ordinaires sont de 704,702,000 fr.,

en y comprenant le paiement du premier cinquième de l'arriéré.

« Et nous pouvons espérer encore des diminutions considérables.

» Le service de la guerre, réorganisé sur le pied de paix, deviendra graduellement moins dispendieux.

» L'intérieur, plus avancé dans la réparation de nos ruines, pourra moins exiger.

» La marine pourra modérer encore ses approvisionnemens et restreindre son personnel.»

Les frais de négociation seront rayés du budget des dépenses.

La dette viagère et les pensions éprouveront des réductions qui viendront accroître les moyens de la caisse d'amortissement.

« Et cependant, déjà les ministres du culte saint de nos pères, les vénérables magistrats de cette morale divine, qui est si douce, si consolante, si pure, et dont l'homme a tant de besoin, sont arrachés à l'indigence », et leur sort, si long-tems objet de tant de regrets, éprouve une amélioration sensible.

Toutes les charges extraordinaires disparaissent.

Le prix du sel est réduit à 3 décimes par kilogramme, et le sera bientôt à 2, conformément au vœu de Sa Majesté.

Les centimes additionnels au principal de la

contribution foncière, de la personnelle et mobilière, des portes et fenêtres et des patentes,
sont réduits à 37 centimes et demi.

La perception des contributions indirectes, des
droits sur l'enregistrement, est modérée.

C'est alors que l'on s'occupe activement des
moyens de féconder les germes de notre prospérité intérieure.

C'est alors que l'on confectionne les opérations
cadastrales ; c'est surtout alors que la caisse d'a-
mortissement, convenablement, largement dotée,
déploie tous ses ressorts pour l'extinction de la
dette publique.

Ainsi la France, au moyen de sacrifices pé-
nibles, mais momentanés, aura rempli ses engagemens envers les alliés, envers ses propres citoyens ; elle aura fondé son crédit sur les bases
inébranlables de l'honneur et de la justice.

Nous admirons la prospérité financière de l'Angleterre, qui se joue d'une dette de 19 milliards,
et ajoutait, en 1814, à son revenu ordinaire de
plus d'un milliard, un revenu extraordinaire de
800,000,000 fr. Nous devons en rechercher la
cause, pour nous en approprier les résultats.
A quoi est-elle principalement due ?

Certes, ce n'est pas à la fertilité de son sol, à
l'excellence de ses productions territoriales ; sous
ce double rapport la France n'a rien à lui envier.

Ce n'est pas non plus à l'industrie de ses habitans; la nôtre soutient avantageusement la concurrence.

Serait-ce à l'étendue de ses possessions coloniales, à la prodigieuse extension de son commerce? Sans doute elles peuvent faire pencher la balance en sa faveur; mais ce sont là les effets, ce n'est pas la cause. La cause est dans ce respect religieux à ses engagemens qu'a constamment professé son gouvernement, respect qui fait sa force en même tems qu'il est le gage de la confiance. La cause est dans l'attention suivie de son gouvernement de ne jamais créer d'emprunt sans pourvoir aux moyens de remboursement et d'extinction.

Il appartenait au monarque auguste qui a fait asseoir sur le trône toutes les vertus, si long-tems exilées avec lui, d'y faire asseoir aussi la fidélité à ses engagemens. Formé à l'école de l'adversité, il a appris qu'il n'y a plus rien de sacré parmi les hommes, quand rien n'est sacré pour ceux qui les gouvernent.

Abandonnons-nous donc à sa noble direction.

Que la charte soit la charte, c'est-à-dire l'expression de la volonté nationale, comme elle est l'expression du vœu d'un monarque éclairé. Que la charte soit la charte, c'est-à-dire l'inviolable garantie de nos institutions et de nos droits; c'est-à-dire, l'ancre qui retienne le vaisseau de l'état au fort de la tempête ; c'est-à-dire, « le lien qui, » renouant la chaîne des tems, interrompue par » de funestes écarts, unisse le passé et le présent à » l'avenir » ; que partout la volonté du Roi soit respectée comme sa personne est chérie ; n'ayons, comme nos aïeux, « qu'une foi, qu'une loi, » qu'un roi ; ayons aussi la religion de la fidé-» lité ; qu'une nouvelle ère de crédit accompagne » celle de la restauration » ; et malgré les maux sans nombre qui ont déchiré le sein de la patrie, nous la reverrons encore, forte du concours de toutes les volontés, forte surtout de sa fidélité et de son honneur, se relever plus brillante de ses ruines, et reconquérir parmi les puissances de l'Europe, le rang que lui assignent son heureuse position, son active population, la bravoure et l'industrie de ses habitans.

FIN.

APERÇU
DU BUDGET DES RECETTES DE L'ANNÉE 1817.

NATURE DES REVENUS.		RECETTES PERMANENTES.	RECETTES TEMPORAIRES.	TOTAL.
	fr.	fr.	fr.	fr.
Foncière , Principal..........................	171,930,017	} 199,174,637	....	
Personnelle et mobilière.....	27,244,620			
50 centimes additionnels au principal des deux contributions.....	99,587,318	82,394,318	17,193,000	
Portes et fenêtres, principal.....................	14,161,653	14,161,653	....	} 374,204,803
Patentes, principal..........................	18,475,942	18,475,942	....	
Patentes , 100 centimes sur le principal...................	17,596,136	....	17,596,136	
Portes et fenêtres, 90 centimes sur le principal........	11,586,807	3,570,690	8,016,117	
Personnelle et mobilière, 50 centimes additionnels...........	13,622,310	....	13,622,310	
Enregistrement et Domaines.....................		140,000,000	....	140,000,000
Bois...............................		16,400,000	....	16,400,000
Recouvremens à faire { sur les biens des communes.........		....	6,000,000	6,000,000
sur les bois........		....	3,000,000	3,000,000
sur les décomptes d'acquéreurs des domaines...........		....	1,000,000	1,000,000
Douanes. { Droits généraux....		40,000,000	....	40,000,000
Sels........		35,000,000	....	35,000,000
Contributions indirectes.. { Droits ordinaires.........		86,000,000	....	86,000,000
Tabacs....		34,000,000	....	34,000,000
Postes.............................		9,000,000	....	9,000,000
Loterie.............................		8,000,000	....	8,000,000
Salines de l'Est.......................		2,400,000	....	2,400,000
Recettes accidentelles.....................		1,000,000	....	1,000,000
Retenue sur les traitemens.................		....	13,000,000	13,000,000
Abandon fait par le Roi et les Princes sur la liste civile............		....	5,000,000	5,000,000

RECETTES EXTRAORDINAIRES ET TEMPORAIRES.

1°. 50 centimes additionnels à la contribution foncière..............		....	50,000,000	50,000,000
2°. Sel , 2 décimes par kilogramme...............		....	25,000,000	25,000,000
3°. Augmentation sur le prix du tabac...............		....	6,000,000	6,000,000
4°. Augmentation de la taxe de la lettre simple.............		....	2,000,000	2,000,000
5°. Taxe sur les voitures d'agrément...............		....	2,000,000	2,000,000
6°. Taxe sur les chevaux de luxe...............		....	500,000	500,000
7°. Taxe sur les domestiques...............		....	1,000,000	1,000,000
8°. Augmentation des droits sur le sucre et le café...............		....	6,000,000	6,000,000
9°. Droit ou permis de chasse...............		....	3,000,000	3,000,000
10°. Droit de mutation par les héritiers des émigrés réintégrés............		....	3,000,000	3,000,000
11°. Prélèvement de 50 pour 100 sur les revenus des bois communaux............		....	12,000,000	12,000,000
12°. Droit sur les tissus...............		....	30,000,000	30,000,000
13°. Cautionnement de soixante payeurs des rentes............		....	9,000,000	9,000,000
14°. Vénalité des offices de judicature...............		....	4,500,000	4,500,000
		689,577,240	238,427,563	928,004,803

BALANCE.

	fr.
La dépense s'élèverait à........................	960,224,957
La recette à...................................	928,004,803
Partant , la dépense excéderait la recette de.......	32,220,154

Ce déficit pourrait être comblé par l'ouverture d'un crédit de 6,000,000 fr. de rentes, que l'on peut évaluer à 64,000,000 f. Resteront à-peu-près 32,000,000 fr. qui compenseront le déficit sur la recette, et à l'aide desquels le ministre pourra faire face aux dépenses imprévues , sauf le compte qu'il devra rendre de cet excédent en 1818.

APERÇU
DU BUDGET DES DÉPENSES DE L'ANNÉE 1817.

MINISTÈRES ET SERVICES.	DÉPENSES PERMANENTES.	DÉPENSES TEMPORAIRES.	TOTAL.
	fr.	fr.	fr.
Dette publique. Dette perpétuelle, y compris l'emploi de 3,000,000 fr. sur le crédit en rente demandé pour le service de 1817	101,400,000	....	139,000,000
Pensions civiles, militaires et ecclésiastiques	24,200,000	....	
Dette viagère	13,400,000	....	
Arrérages des exercices 1814 et antérieurs	....	4,000,000	4,000,000
Liste civile 25,000,000	34,000,000	....	34,000,000
Famille Royale 9,000,000			
Chambre des Pairs	2,000,000	....	2,000,000
Chambre des Députés	800,000	....	800,000
Justice	16,000,000	....	16,000,000
Affaires Étrangères	6,500,000	....	6,500,000
Intérieur..... Service ordinaire, y compris une nouvelle augmentation de 5,000,000 fr. pour le clergé	53,500,000	....	53,500,000
Dépenses départementales fixes et connues, variables, ordinaires et extraordinaires	27,800,000	....	27,800,000
Guerre...... Service ordinaire	180,000,000	....	180,000,000
Subsistance et entretien des Étrangers	....	160,000,000	160,000,000
Marine	30,000,000	....	30,000,000
Finances..... Service ordinaire	12,000,000	....	12,000,000
Dépenses du cadastre	....	3,000,000	3,000,000
Fonds de dégrèvement et non valeurs	9,902,082	5,806,725	15,708,807
Payement du 2e. cinquième sur les 7,000,000 fr.	....	140,000,000	140,000,000
Police..	1,000,000	....	1,000,000
Intérêts des cautionnemens	9,000,000	....	9,000,000
Intérêts des obligations royales	....	1,125,000	1,125,000
Remboursement desdites obligations.....................	....	3,740,000	3,740,000
Frais de négociations	....	10,000,000	10,000,000
Remboursement de la seconde moitié des 20,000,000 fr. avancés en 1815 par les départemens, pour les troupes étrangères	....	10,000,000	10,000,000
Dettes éventuelles.....................................	....	6,000,000	6,000,000
Complément à fournir au budget de 1814, état n°. 2; de 1815, état n°. 6; de 1816, état n°. 12; sauf la distraction de 11,000,000 fr. pour double emploi.	....	72,051,150	72,051,150
Portion de l'arriéré des caisses, remboursable en 1817	....	23,000,000	23,000,000
	521,502,082	438,722,875	960,224,957

APERÇU DES RECETTES DES ANNÉES 1818, 1819, 1820 ET 1821.

NATURE DES REVENUS.	EN 1818. RECETTES PERMANENTES.	EN 1818. RECETTES TEMPORAIRES.	EN 1818. TOTAL.	EN 1819.	EN 1820.	EN 1821.	OBSERVATIONS.
	fr.	fr.	fr.	fr.	fr.	fr.	En 1821, non seulement toutes les charges extraordinaires, à l'exception de l'augmentation du prix du tabac, de la taxe de la lettre simple, du droit sur le sucre et le café, et du droit ou permis de chasse, disparaissent à jamais; mais encore les quatre contributions directes éprouvent une remise de 12 cent. et demi sur les 50 cent. additionnels dont elles sont grevées depuis quatre ans.
Contributions directes proposées par le Ministère en 1817 et années suivantes............	331,399,000	42,805,000	374,204,000	374,204,000	374,204,000	318,741,818	
Enregistrement et Domaines.....	140,000,000	....	140,000,000	140,000,000	140,000,000	140,000,000	
Bois.................	16,400,000	....	16,400,000	16,400,000	16,400,000	16,400,000	
Douanes. { Droits généraux......	40,000,000	....	40,000,000	40,000,000	40,000,000	40,000,000	
Sels........	35,000,000	....	35,000,000	35,000,000	35,000,000	35,000,000	Le sel est réduit à 3 décimes par kilogramme, et le vœu de Sa Majesté pourra être rempli lorsque l'arriéré sera complètement acquitté.
Contrib. indirectes. { Droits ordin....	86,000,000	....	86,000,000	86,000,000	86,000,000	86,000,000	
Tabacs........	34,000,000	....	34,000,000	34,000,000	34,000,000	34,000,000	
Postes...................	9,000,000	....	9,000,000	9,000,000	9,000,000	9,000,000	
Loterie..................	8,000,000	....	8,000,000	8,000,000	8,000,000	8,000,000	
Salines de l'Est........	2,400,000	....	2,400,000	2,400,000	2,400,000	2,400,000	
Recettes accidentelles..........	2,500,000	....	2,500,000	2,500,000	2,500,000	2,500,000	A cette époque, toutes les charges extraordinaires disparaîtront encore, et l'on n'aura émis, dans le cours de ces quatre années, que 13,000,000 f. de rentes, au lieu de 95,800,000 fr., comme le propose le ministre.
Retenue sur les traitemens.......	....	13,000,000	13,000,000	13,000,000	13,000,000		
RECETTES EXTRAORDIN....							
Cinq centimes additionnels à la contribution foncière...........	....	50,000,000	50,000,000	50,000,000	50,000,000		
Sel. 2 décimes par kilogramme...	....	25,000,000	25,000,000	25,000,000	25,000,000		
Augmentation sur le prix du tabac.	....	6,000,000	6,000,000	6,000,000	6,000,000	6,000,000	Et l'émission de ces 13,000,000 f. de rentes est calculée au cours de 54 et 50 fr., tandis que le ministre a calculé l'émission de 95,800,000 f. de rentes au cours de 60 fr., émission qui sera nécessairement plus considérable, si le cours des rentes tombe à 54 et 50 fr.
Augmentation de la taxe de la lettre simple..................	....	2,000,000	2,000,000	2,000,000	2,000,000	2,000,000	
Taxe sur les voitures d'agrément...	....	2,000,000	2,000,000	2,000,000	2,000,000		
sur les chevaux de luxe.....	....	500,000	500,000	500,000	500,000		
sur les domestiques.......	....	1,000,000	1,000,000	1,000,000	1,000,000		
Augmentation du droit sur le sucre et le café......	....	6,000,000	6,000,000	6,000,000	6,000,000	6,000,000	
Droit ou permis de chasse......	....	3,000,000	3,000,000	3,000,000	3,000,000	3,000,000	
Prélèvement de 50 pour 100 sur les revenus des bois communaux...	....	12,000,000	12,000,000	12,000,000	12,000,000		
Droit sur les tissus........	....	30,000,000	30,000,000	30,000,000	30,000,000		
Vénalité des offices de judicature..	....	4,500,000	4,500,000	4,500,000	4,500,000		
	704,699,000	197,805,000	902,504,000	902,504,000	902,504,000	709,041,818	

APERÇU DES DÉPENSES DES ANNÉES 1818, 1819, 1820 ET 1821.

MINISTÈRES ET SERVICES.	EN 1818. DÉPENSES PERMANENTES.	DÉPENSES TEMPORAIRES.	TOTAL.	EN 1819.	EN 1820.	EN 1821.	OBSERVATIONS.
	fr.	fr.	fr.	fr.	fr.	fr.	En 1821, la dette publique est réduite des 7,000,000 fr. formant l'inscription de garantie pour la liquidation des créances étrangères.
Dette publique..................	142,000,000	....	142,000,000	146,000,000	149,000,000	142,000,000	Les 38,677,000 fr. d'intérêts de la dette arriérée, calculés jusqu'au 31 décembre 1818, sont payés,
Emploi sur le crédit à ouvrir.......	....	2,000,000	2,000,000	1,500,000			savoir, 30,000,000 fr. en 1818, et les 8,677,000 fr. restans, en 1819.
Dette publique. (Arrérages des exercices 1814 et antérieurs).............	....	2,500,000	2,500,000	2,500,000			Les 81,000,000 fr. formant l'ancien arriéré des caisses, sont acquittés moitié en 1818, et moitié en 1819.
Liste civile.....................	34,000,000	....	34,000,000	34,000,000	34,000,000	34,000,000	Les 80,000,000 fr. formant le premier cinquième des créances arriérées, sont payés en 1821.
Chambre des Pairs..............	2,000,000		2,000,000	2,000,000	2,000,000	2,000,000	Je porte la dette publique à 142,000,000 fr., quoiqu'il soit
Chambre des Deputés...........	800,000		800,000	800,000	800,000	800,000	vraisemblable qu'à cette époque la caisse d'amortissement aura éteint
Ministère de la Justice..........	16,000,000		16,000,000	16,000,000	16,000,000	17,000,000	6 ou 8,000,000 fr. de rentes avec le produit de la vente des bois.
Affaires Étrangères.............	6,500,000		6,500,000	6,500,000	6,500,000	6,500,000	Le ministre de la justice obtient
Intérieur.....................	81,300,000		81,300,000	81,300,000	81,300,000	83,500,000	le million qu'il demande.
Guerre...................... Service ordinaire	180,000,000 (dont 12,000,000)	155,000,000	335,000,000	335,000,000	335,000,000	200,000,000	Le ministre de la guerre a 20,000,000 fr. de plus.
Finances. { Cadastre	3,000,000	....					Le ministre de la marine obtient 6,000,000 fr.
Dégrèvement et non valeurs.	9,902,000	5,806,000	170,708,000	170,708,000	170,708,000	27,902,000	6,000,000 fr. sont consacrés à la confection du cadastre.
Payement du cinquième sur les 700,000,000 fr.	....	140,000,000					Le ministre de l'intérieur obtient 2,400,000 fr. pour venir au
Marine......................	30,000,000		30,000,000	30,000,000	30,000,000	36,000,000	secours de l'instruction publique et hâter la réparation de nos ruines.
Police.......................	1,000,000		1,000,000	1,000,000	1,000,000	1,000,000	Enfin, la caisse d'amortissement est dotée de 40,000,000 fr.
Intérêts des cautionnemens....	10,000,000		10,000,000	10,000,000	10,000,000	11,000,000	Ainsi en 1825 la totalité de
Intérêts des obligations royales......		400,000	400,000				l'arriéré sera soldée, et la caisse
Remboursement des obligations royales.		10,334,000	10,334,000				d'amortissement ayant immobilisé
Frais de négociation...........		10,000,000	10,000,000	10,000,000	10,000,000		20,000,000 francs de rentes,
Dépenses éventuelles...........	6,000,000		6,000,000	6,000,000	6,000,000	3,000,000	la dette publique sera réduite à
Fonds d'amortissement.........	....		....	....	....	40,000,000	95,000,000 fr., y compris les
Intérêts de la dette arriérée, évaluée à 400,000,000 fr.............		30,000,000	30,000,000	28,677,000	20,000,000	20,000,000	pensions et la dette viagère; et en 1838, par le seul effet de la caisse
Remboursement du premier cinquième de la dette arriérée.						80,000,000	d'amortissement, dotée annuellement de 40,000,000 fr., la dette
Remboursement de l'ancien arriéré des Caisses, moitié en 1818 et 1819..	....	40,500,000	40,500,000	40,500,000			publique disparaîtra entièrement du tableau des dépenses.
	534,502,000	396,540,000	931,042,000	922,485,000	872,308,000	704,702,000	
La recette est de.............			902,504,000	902,504,000	902,504,000	709,041,818	
Déficit.........			28,538,000	19,981,000	30,196,000	4,339,818	
			Déficit couvert par l'emploi d'un crédit de 4,000,000 fr. de rentes négociées au cours de 50 fr. Excédent, 12 millions, à l'aide desquels le ministre pourra faire face aux dépenses imprévues, sauf le compte à rendre.	Déficit couvert par l'emploi d'un crédit de 3 millions de rentes négociées au cours de 50 fr. Excédent, 10 millions; compte à rendre en 1820.	Excédent à reporter à 1821.	Excédent de recette.	

www.ingramcontent.com/pod-product-compliance
Lightning Source LLC
Chambersburg PA
CBHW070914280326
41934CB00008B/1712